D1359165

# in
# vineto

Laura Shaw

illustrated by Chloe Shaw and Laura Shaw

ISBN: **978-1726498630**
ISBN-13: **1726498638**

# DEDICATION

To Ryan, Chloe, Sam, and Teagan, all of whom are my inspiration.

# ACKNOWLEDGMENTS

gratias maximas to my husband for help with the story, to my daughter for the drawings of the characters, and my students for their feedback and patience

## Inspirations

The events of this story had four inspirations: Vergil's *Culex*, the Polydorus episode of the *Aeneid*, the Sibyl episode of the *Aeneid*, as well as Pliny's well-known ghost story.

Fabia, puella Romana, Atellae habitat. villa patris Fabiae est in vineto[1]. olim pater Fabiae erat mercator, sed nunc est vinarius[2]. pater Fabiae vinetum curat. in vineto sunt multae uvae[3]. uvae a servis collectae sunt et tum servi optimum vinum faciunt.

Fabia vinetum non curat, sed Fabia vinetum curare valde cupit. Fabia matrem audit. mater Fabiae de infantibus et de villis dicit. sed Fabia de infantibus et de villis audire non vult. Fabia de vineto et de uvis audire vult. sed mater et pater Fabiae de vineto et de uvis dicere nolunt.

cotidie Fabia per uvas ambulat. Fabia uvas maxime amat. saepe Fabia Bellovesum apud uvas videt. Bellovesus diligenter apud uvas laborat quod Bellovesus quoque uvas valde amat. Bellovesus et Fabia quindecim annos nati sunt. sed Fabia Bellovesum non amat.

---

[1] vineto - vineyard
[2] vinarius - wine-maker
[3] uvae - grapes

1

pater Fabiae de arte vinea nihil scit. sed pater Fabiae servum Gallicum, qui vinum optimum fecerat, emit. servus Gallicus, nomine Catuvrix, erat de Novioduno[4]. Catuvrix multa de vineti cultura patri Fabiae docet[5]. Catuvrix nullam uxorem habet, sed unum filium, nomine Bellovesum. mater Bellovesi mortua est cum[6] Bellovesus esset puer. Bellovesus saepe Fabiam deridet. Bellovesus est quoque superbissimus quod multa de vineti cultura intellegit, sed Fabia nihil de vineti cultura intellegit. igitur Fabia Bellovesum non amat.

---

[4] Noviodunum - modern-day Nevers, about 160 miles southeast of Paris
[5] docebat - teaches
[6] cum - translated as "when" here

hodie tamen Bellovesus apud uvas non ambulat. Fabia Bellovesum ambulantem ad silvam conspicit.

"cur Bellovesus ad silvam ambulat?" Fabia in animo volvit[7]. Fabia tacite post Bellovesum ambulat. Bellovesus Fabiam non videt. Fabia sibi ridet.

Bellovesus ad silvam venit ut lignum[8] colligat. silva est prope vinetum. Bellovesus multum lignum quaerit. Fabia post arborem se celat[9]. Bellovesus est fortis et diligenter laborat.

Bellovesus unam arborem caedit[10], et secundam arborem caedit. sed Bellovesus tertiam arborem non caedit.

tertia arbor est ara[11] deo Gallico. pater Bellovesi imaginem[12] dei Gallici in arbore invenit. arbor est sacra et antiqua. pater Bellovesi multa sacrificia sub arbore sacra fecit. Bellovesus arborem sacram non caedit quod deum Gallicum offendere non vult.

---

[7] in animo volvit - wonders
[8] lignum - wood
[9] se celat - hides
[10] caedit - cut, chop
[11] ara - altar
[12] imaginem - image, likeness

ecce! Bellovesus oculos post arborem videt. fortasse est anima! fortasse est dea Gallica quae in arbore sacra habitat! quam mirabile! imago in arbore est deus, non dea. nunc Bellovesus est perterritus. estne dea Gallica bona aut mala? Bellovesus nescit.

"salve.... quis es tu? tune es dea in arbore?" Bellovesus rogat.

"stulte iuvenis, ego non sum dea, ego sum puella Romana!" puella pro arbore ambulat. non est dea Gallica, est Fabia, quae post arborem stabat!

"cur tu non es in villa ludens cum pupis[13] tuis?" Bellovesus iratus rogat.

"quod pupae mihi non placent. quid tu facis?" Fabia rogat.

"ego lignum quaero. nunc abi! tantum fortissimi iuvenes tam strenue laborare possunt."

"babae[14]! specta hoc!" Fabia clamavit et securim[15] e manibus Bellovesi capit.

Fabia arborem sacram caedere coepit.

"minime! desiste[16]!" Bellovesus clamat et securim capit. eheu! Fabia Bellovesum vulnerat. multus sanguis fluit.

---

[13] pupa - doll
[14] babae - nonsense!
[15] securim - axe
[16] desiste - stop

"caudex! cur tu securim cepisti?" Fabia clamat iratissima. Fabia tunicam suam scindit[17] et vulnus curare temptat. sed Bellovesus manum vulneratam ad arborem extendit. multus sanguis sub arbore sacra fluit.

"quid facis, insane Bellovese?" Fabia attonita rogat.

"haec arbor est sacra. deus Gallicus in ea habitat. sanguis deis Gallicis valde placet. fortasse tu deum Gallicum offendisti. nonne tu imaginem[18] dei factam in arbore vides?" Bellovesus dicit.

"quam barbarum!" Fabia susurrat.

"cur? vos Romani sacrificia in templis cum sanguine facitis." Bellovesus respondet.

"nos Romani sanginem animalium[19] deis offerimus, non sanguinem hominum. vos estis barbarissimi."

---

[17] scindit - tears
[18] imaginem - image
[19] animalium - animals

Fabia Bellovesum anxia spectat. Bellovesus iratus est.

"cur tu securim cepisti ut lignum colligeres? viri soli lignum quaerunt."

"quod pater meus vinetum habet et ego quoque vinetum habebo. ego ero[20] domina vineti. necesse est mihi de vineti cultura intellegere." Fabia dicit.

"minime," Bellovesus respondet, "maritus tuus erit dominus. tu infantes et servos curabit. maritus tuus vinetum curabit. fortasse ego ero maritus tuus et ego ero dominus vineti."

Bellovesus lignum capit, sed dextra Bellovesi vulnerata est. Bellovesi omne lignum portare non potest.

"puella, reveni domum et lude cum pupis tuis." Bellovesus dicit. Bellovesus lente ad villam ambulat.

---

[20] ero - I will be

Fabia lignum reliquum[21] capit et procul[22] in silvam iacit.

"tu numquam eris maritus meus quod tu es filius servi, tu non es Romanus, et tu es pessimus!" Fabia clamat.

"nunc tibi arbores caedendae sunt[23] cum una manu, barbare fili servi!" Fabia clamat et ad villam currit lacimans.

---

[21] reliquum - remaining
[22] procul - far off
[23] cadendae sunt - you must chop

postridie Bellovesus iterum apud ordines[24] uvarum diligenter laborat. Sol in caelo lucet et calidus[25] est. Bellovesus ad villam ambulat, quaerens aquam.   aqua est in fonte, qui est in horto.

Fabia in horto est. Fabia epistulam legit. Fabia Bellovesum intrantem videt.

"quam sordidus es," Fabia dicit.

"occupatissimus eram. et quid tu facis?" Bellovesus rogat.

"ego epistulam meam lego. epistula mihi valde placet quod in ea sunt versus de pastore ."

---

[24] ordines - rows
[25] calidus - hot

Bellovesus post Fabiam stat et epistulam legere temptat.

"quid facis, Bellovese? Tu es servus, igitur tu legere linguam Latinam non potes."

Bellovesus recitare fabulam in papyro scriptam coepit[26]:

> *Parve culex, pecudum custos tibi tale merenti*
>
> *Funeris officium vitae pro munere reddit[27].*

Fabia tacita nihil dicit, quod attonita est. Quo modo Bellovesus legere didicit? Quis Bellovesum legere docuit[28]? Cur aliquis[29] servum legere doceat?

"cur tu fabulam tam stultam legis, Fabia? hi versus sunt de mortuo culici." Bellovesus rogat. Bellovesus ad fontem venit et aquam bibit.

---

[26] coepit - began
[27] little gnat, the keeper of the flocks returns to you, who deserve such a reward, the service of a funeral in return for the gift of life
[28] docuit - taught
[29] aliquis - someone

"quam mirabile, pater! specta humum[37]. humus est umida[38], sed uvae sunt aridae." Bellovesus humum umidam patri ostendit.

"ignosce mihi, mi fili. tam attonitus eram ut humum non viderem. sane tu satis aquae dedisti, sed vites sunt moribundae." Catuvrix per ordines sollicitus[39] ambulat, uvas aridas spectans.

"sed quid nos sumus acturi[40]?" Bellovesus patrem sequens rogat.

"nescio, carissime. sed si nos causam malae rei non cognoscimus, actum est de nobis[41]. noli cuiquam[42] de hac re dicere!"

"ita vero, pater. ego aquam uvis iterum dabo, pater, et fortasse[43] uvae iterum bonae erunt," Bellovesus dicit et ad fontem currit.

---

[37] humum - ground
[38] umida - moist
[39] sollicitus - worried
[40] sumus acturi - are we going to do
[41] actum est de nobis - we're done for!
[42] cuiquam - anyone
[43] fortasse - perhaps

nocte Fabia vinetum per fenestram[44] spectat. luna plena[45] lucet et multae stellae in caelo sunt. ventus[46] per folia[47] leniter perflat. folia in vento horrescunt[48]. cicadae ex arboribus strident[49].

sonitus noctis Fabiae valde placent. Fabia oculos claudit et omnem sonitum audire temptat. subito nox tacita est. Fabia nullos sonitus audit.

ventus non perflant. folia non horrescunt. cicadae non strident.

Fabia oculos aperit. cubiculum est obscurum, sed luna plena etiam lucet in caelo tacito. nihil movet.

subito Fabia senem currentem per vinetum conspicit. senex est perterritus. tres homines senem petunt. senex togam sordidam et scissam habet. Fabia perterrita spectat tacite. tandem senex non iam fugere potest quod est fessus. in medio vineto senex stat. tres homines hastas habent. eheu! tres homines senem hastis interficiunt. senex mortuus est. homines fugiunt.

---

[44] fenestram - window
[45] plena - full
[46] ventus - wind
[47] folia - leaves
[48] horrescunt - shudder
[49] strident - hum, chirp, bug noise

Fabia per fenestram venit ut seni auxilium det. Fabia lacrimans per vinetum currit. ubi est senex? Fabia nihil auditque videtque. ubi est senex?

tandem Fabia ad medium vinetum venit.

nullum corpus mortui senis videt. ubi est senex? sed humus est umida. Fabia humum tangit[50]. ecce! quam mirabilis. humus est sanguinolenta[51]. sanguis ex radicibus fluit. Fabia horrescit[52]. Fabia humum effodit[53] et radices[54] uvarum scindit. ecce! sanguis de radicibus fluit. sed sanguis est frigidus. sanguis frigidus super manus Fabiae fluit. Fabia a manibus ad cordem[55] tantum frigorem sentit ut oculos claudat. Fabia humi exanimata decidit.

---

[50] tangit - touches
[51] sanguinolenta - bloody
[52] horrescit - shudders
[53] effodit - digs out
[54] radices - roots
[55] cordem - heart

mane[56] Bellovesus per vinetum ambulat. Bellovesus uvas inspicere vult. necesse est a nullo conspici quod pater ita iussit. ecce! Bellovesus Fabiam iacentem humi conspicit. Fabia est sordida et omnes radices uvarum prope Fabiam scissae sunt! Fabia exanimata est.

"domina! quid accidit? Fabia! cur tu in vineto humi dormis?" Bellovesus attonitus clamat.

sed Fabia nec oculos aperit nec excitari potest.

Bellovesus summa cum cura Fabiam ad villam portat.

"arcesse[57] medicum! aliquid mali dominae Fabiae accidit!" Bellovesus exclamat.

omnes veniunt ut causam clamorum cognoscant. mater valde lacrimat et pater Bellovesum iubet Fabiam ad lectum eius leniter[58] portare.

---

[56] mane - in the morning
[57] arcesse - summon
[58] leniter - gently

mox Fabia animum recipit. tota familia anxia circum lectum stat, Fabiam intente spectans. Fabia oculos aperit.

"pater, quid accidit? cur sunt omnes in cubiculo meo, attoniti?" Fabia rogat.

"dic nobis quid acciderit, carissima," pater respondit, "hic servus te in vineto dormientem invenit mane. cur tu eras in vineto?" pater anxius rogat.

"nunc omnium memini[59]. superiore nocte[60] ego per fenestram meam spectabam quod uvas valde amo,"Fabia incipit.

"nos debemus Fabiam Romam mississe!" mater Fabiae patri dicit.

---

[59] memini - I remember
[60] superiore nocte - last night

"tace, caudex[71]!" Fabia hortum circumspectat.

"Publius mihi de sapientissima vate[72], nomine Sibylla[73], scripsit. sapientissima vates Sibylla omnia de rebus magicis intellegit. fortasse Sibylla mihi dicere potest de somnio senis mortui." Fabia sussurrat.

"cur tu sussurras, domina?" Bellovesus respondet, circumspectans hortum.

"quod post somnium meum, mater Romam me mittere voluit. mater dicit non decorum esse mihi uvas pro amicis habere. ego non possum dicere matri meae de somnio. mater me Romam missura est!" Fabia

---

[71] caudex - idiot, blockhead
[72] sapientissima vate - a most wise priestess
[73] Sibylla - priestess of Apollo who told the future

lacrimare coepit.

"babae! noli lacrimare, domina. sed nonne decorum est tibi Romam ire ut tu maritum[74] bonum invenias?" Bellovesus dicit.

"nihil curae est tibi de marito meo! ego maritum decorum non cupio! vinetum amo!" Fabia clamat, lacrimans.

"ego id certissime intellego. noli tuam mentem vexare[75], domina. ubi est Sibylla?" Bellovesus rogat.

"Est Cumis[76]. in caverna mirabili. est iter unius diei[77]. hac nocte ego discedam." Fabia obstinata Bellovesum spectat.

---

[74] maritum - husband
[75] vexare - bother
[76] Cumis - in Cumae, a city on the coast of Naples, home of the Sibyl
[77] iter unius diei - one day's journey

"minime! tu non potes ire ad Sibyllam sola, domina. est nimis[78]
periculosum! necesse est mihi patri tuo omnia explicare. " Bellovesus
dicit.

"minime!" Fabia manum Bellovesi tangit. "ego ad Sibyllam non iter
facio. sed noli ad patrem meum ire et omnia explicare. ego id veto[79].
ego non discedam ad Sibyllam." Bellovesus et Fabia diu taciti in horto
stant, spectantes.

tandem Bellovesus dicit, "ita vero, domina. ut tu cupis. ego nunc ad
vinetum revenio, non ad patrem tuum. ego nihil explicabo dummodo[80]
tu non discedas. vale." Bellovesus e horto discedit. sed nunc
Bellovesus consilium capit.

---

[78] nimis - too
[79] veto - forbid
[106] dummodo - as long as

25

illa nocte Fabia iterum per fenestram spectat. sed Fabia pallam[81] induit. Fabia ad Sibyllam iter facit. per fenestram tacita exit et quam celerrime et tacissime per vinetum currit. mox ad viam advenit. luna plena lucet. nemo in via est. Fabia est elata[82].

nemo eam castigat[83]. mater Fabiam non castigat. mater Fabiae non dicit de maritis et infantibus. Fabia est libera[84] et fortis.

iter tamen est longum. Fabia mox fessa est. sed obstinata Cumas et ad Sibyllam ambulat. nunc Fabia est longe a villa.

subito Fabia in tenebris[85] duo viros stantes in via videt. Fabia se celare post arborem frustra temptat.

---

[81] palla - lady's cloak
[82] elata - carried away, excited
[83] castigat - scold
[84] libera - free
[85] tenebris - darkness

"salve, puella. noli esse sollicita." unus homo dicit, Fabiae appropinquans.

"abi. ego nihil pecuniae habeo." Fabia perterrita.

"fortasse aliquis multam pecuniam puellae tam pulcherrimae dabit..." fur dicit. alter vir quoque Fabiae appropinquat.

Fabia vehementer clamat, "adiuva me!" et ad silvas currit. "si pater meus de hoc cognoverit, vos poenas dabitis[86]!"

unus fur Fabiam capit.

"eheu! utinam[87] ego Bellovesum audivissem!" Fabia clamat, lacrimans.

subito fur humi decidit mortuus. fur in via iacet cum sagitta[88] in iugulo[89]. multus sanguis in via fluit. ecce! quam mirabile! alter fur nunc amicum videt et in silvas effugit.

---

[86] poenas dabitis - pay the price
[87] utinam - if only
[88] sagitta - arrow
[89] iugulo - throat

Fabia iterum circumspectat. e silvis iuvenis ambulat, cum arcu[90] in manu. sed nox est tam obscura ut Fabia iuvenem videre bene non possit.

"quo modo possim[91] umquam gratias tibi agere? tu me servavisti!" Fabia dicit.

iuvenis sagittam e corpore furis capit.

"dic mihi iterum," iuvenis dicit, et sanguinem e sagitta terget[92].

"quid?" Fabia rogat, attonita.

"dic: utinam ego Bellovesum audivissem!" iuvenis ridet et Fabiae appropinquat. est Bellovesus!

"stulte puer!" Fabia exclamat et Bellovesum vehementer pulsat. Fabia Bellovesum amplectitur[93] lacrimans in umero[94].

---

[90] arcum - bow
[91] possim - could I
[92] terget - wipes
[93] amplectitur - embrace
[94] umero - shoulder

"noli lacrimare, Fabia. omnia sunt bona nunc. sed stultissima puella! tu mihi promisisti te non discessuram esse! sed nunc nobis domum reveniendum est." Bellovesus Fabiam castigat.

"minime! nos sumus paene Cumis. nos sumus paene ad villam Sibyllae! ego tecum venio." Fabia dicit.

"et tu paene in servitutem vendita es! et si pater tuus de hoc cognoverit, ego poenas dabo." Bellovesus dicit.

"noli contra me verbis meis uti[95]! ego sum domina tua et ego te iubeo me ad Sibyllam ducere." Fabia obstinata in media via stat.

"ita vero. sed in itinere nostro, ego non sum servus tuus, sed modo Bellovesus. tu consentis?"

Fabia Bellovesum diu spectat. tandem ridet, "ita vero, Bellovese. ego consentio."

"tum nos ad Sibyllam veniamus." Bellovesus dicit, sed est sollicitus quod pater Fabiae iratissimus erit. Bellovesus nescit quid pater Fabiae facturus sit. Bellovesus nescit utrum pater Fabiae eum liberaturus sit an interfecturus sit. sed Bellovesus est liber et fortis.

---

[95] noli...uti - don't use

prima luce[96] Bellovesus et Fabia Cumis perveniunt. templa sunt in urbe, et via longa in monte. via erat alta et Fabia desistit.

"ego arida sum." Fabia dicit.

"nonne tu aquam tecum portavisti?" Bellovesus aquam Fabiae dat.

"ego numquam iter sola feci," Fabia dicit erubescens.

"tu es fortiora quam tu es parata," Bellovesus sibi ridet.

"minime, amice. ego non sum fortis, modo obstinata." Fabia dicit, quoque ridens. "Bellovese, cur tu ad Sibyllam vensiti? tune me sequebaris[97]?"

"minime, Fabia. ego magnum secretum habeo. promitte mihi te alicui de hoc non dicturam esse." Bellovesus dicit.

"ita vero." Fabia dicit.

---

[96] prima luce - at dawn
[97] sequebaris - were you following
[129] iuro - I swear

"ita, vinetum est moriturum. morbus pessimus est in omnibus uvis. sed ego et pater nescimus quomodo vinetum servare possimus. sed nocte ego senem tuum quoque vidi. ergo, cum tu mihi de Sibylla diceres, ego Sibyllam de morbo uvarum rogare volui."

"sed cur tu patri meo de morbo uvarum non explicavisti?" Fabia rogat.

"quod pater meus dicit dominum nos venditurum esse. pater meus dicit nos ad metallum ituros esse."

"ego id numquam sinam[98]! ego patrem meum vetabo!" Fabia clamat.

"ignosce mihi, Fabia, sed tu non etiam potes dicere matri de somnio tuo..." Bellovesus dicit.

tandem in summum montem adveniunt. veniunt ad cavernam. ianua cavernae est alta et longa. ventus per cavernam vehementer perflat.

Bellovesus et Fabia stant perterriti. caverna est obscura[99].

---

[98] sinam - I will allow

"agedum, Bellovese. nos intro eamus[100], amabo[101]." Fabia manum Bellovesi capit et ambulare coepit. in caverna est virgo. subito venti per omnia ostia[102] cavernae perflant. nunc vultus[103] virginis multis coloribus est et capilli[104] sunt feri[105]. venti folia ubique perflant.

"nunc tempus est rogare fata deorum!" vox intus clamat.

Bellovesus perterritus nihil dicit. Fabia ambulat pro Belloveso.

"o sanctissima vates..." Fabia incipit.

vox magna et mirabilis ex omnibus ostiis cavernae venit.

*bella, horrida bella, sanguine terram tinxit[106]. tu iam responsum habes.*

---

[99] obscura - dark
[100] eamus - let's go
[101] amabo - please
[102] ostia - mouths (of the cave)
[103] vultus - face
[104] capilli - hair
[105] feri - wild
[106] tinxit - have stained

subito ventus destitit. virgo humi decidit. Bellovesus et Fabia currunt et virginem vocant. ecce! modo est anus[107] benigna. Bellovesus anum adiuvat. tandem anus stat.

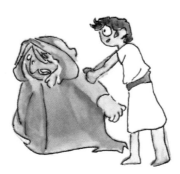

"puella Romana et puer Gallicus. quam mirabile coniugium[108]." anus dicit.

"nos non sumus in coniugio," Bellovesus dicit.

"noli contradicere Sibyllam!" Fabia irata dicit.

---

[107] anus - old woman
[108] coniugium - pair, or marriage

"ego non sum Sibylla," anus dicit. "ego modo sum ancilla quae cavernam Sibyllae curat. ignosce mihi, sed Sibylla nunc est Romae," anus dicit et pavimentum verrere[109] coepit.

"sed vox in caverna, quid erat..?" Fabia rogat attonita.

"nulla vox erat, domina," ancilla dicit.

"agedum, Fabia. nihil inest[110] nobis." Bellovesus manum Fabia capit et e caverna exit. sed extra cavernam Fabia sedet, spectans per urbem de alto monte.

"tam longe iter fecimus, sed Sibylla non etiam erat ibi!" Fabia exclamavit irata.

Bellovesus prope Fabiam sedet, capillos longos permulcens[111]. Fabia oculos claudit et in umero Bellovesi lacrimavit. ecce! folium est in capillis Fabiae. Bellovesus folium e capillis capit et intente spectat. verba mirabilia sunt in folio.

---

[109] verrere - sweep
[110] inest - is here
[111] permulcens - petting

"ecce, Fabia. hoc folium erat in capillis tuis!" Bellovesus folium Fabiae ostendit.

"quid mea[112]? erant multa folia ubique in ista caverna." Fabia dicit.

"sed specta folium, Fabia. sunt verba in eo." Bellovesus verba in folio recitat.

*corniger terram vīnōsam abs tē abstulit aeger*

*sanguine pende et vēnae nunc sunt rursus apertae* [113]

Bellovesus et Fabia inter se diu[114] spectant. quid significat?

"fortasse aliquis animus erat in caverna, Fabia. fortasse deus per alios homines fata dicit. fortasse ancilla erat magis quam modo ancilla." Bellovesus dicit.

Fabia folium capit. Bellovesus et Fabia domum iter faciunt.

---

112 quid mea? what do I care?
113 the horn-bearer, sick, has stolen the vine-bearing land from you; pay in blood and the veins now are open again.
114 diu - for a long time

nocte Fabia et Bellovesus silvam prope vinetum adveniunt.

"eheu! tam esuriens[115] sum!" Fabia dicit.

"sed nos paene ad villam tuam venimus! nonne tu statim domum revenire vis?" Bellovesus dicit.

Fabia sub arbore sedit. "ita vero, Bellovese. sed eram tam libera in itinere nostro. fortasse modo cenulam[116] tecum in silvis consumere possum? et quoque necesse est mihi haec verba mirabilia legere. ecce, Bellovese! haec arbor est ara Gallica tua!" Fabia imaginem dei Gallici ostendit.

"ita vero, Fabia. hic locus mihi placet, itaque cum silvam intro, hic advenio. cenulam tibi dabo ut tu cupis, Fabia. mox reveniam," Bellovesus dicit, cum arcu in manu et in silvam ambulans. Bellovesus duo lepora[117] vidit. Bellovesus lepora capit et ad Fabiam revenit.

---

[115] esuriens - hungry
[116] cenulam - little meal
[117] lepora - hares, rabbits

nunc nox est. Bellovesus ignem parvum prope arborem facit. Fabia duo lepora capit et cenulam parare coepit.

"da mihi cultrum[118] tuum, Bellovese, ut lepora nobis parem." Fabia dicit.

"minime, domina, non decorum est. quid tu scis de leporibus?" Bellovesus manum Fabiae prendit.

"Bellovese, non sum domina nunc. da mihi cultrum." Fabia cultrum de cingulo[119] Bellovesi capit. Fabia cum lepore ad ignem ambulat. in luce ignis Fabia aliquid videt.  Fabia imaginem dei in arbore intente spectat. "Bellovese, specta! hic deus Gallicus! deus habet cornua[120]!"

Bellovesus et Fabia imaginem dei Gallici diligenter spectat.

---

[118] cultrum - knife
[119] cingulo - belt
[120] cornua - horns

"ita vero, Fabia. deus est Cernunnos. Cernunnos omnem vitam, pecuniam et mortem curat. Romani patrem Ditem[121] appellant. Fabia e stola folium removet et recitat, "*sanguine pende et venae nunc sunt rursus apertae.*"

Bellovesus unum lepus capit et cultro scindit. multus sanguis fluit sub arbore. Fabia et Bellovesus spectant anxii.

subito umbra imaginis dei Gallici ex arbore ad lepus mortuum ambulat. cum digito sanguinem leporis tangit et Belloveso appropinquat. Bellovesus perterritus stat. umbra oculos Bellovesi digito sanguinolento unguit[122]. Fabia perterrita exclamavit. Bellovesus humi decidit exanimatus. imago ad arborem revenit. Fabia ad Bellovesum currit.

"Bellovese, Bellovese! loquere mihi! Bellovese!" Fabia lacrimans corpus Bellovesi quatit[123]. omnis silva est obscura. subito Bellovesus oculos, qui cum luce mirabili lucent[124], aperit. Bellovesus nihil dicens, ad vinetum lente ambulat. Fabia tacita Bellovesum sequitur.

---

[121] patrem Ditem - pater Dis, another name for Pluto, the god of the Underworld
[122] unguit - anoints, smears
[123] quatit - shakes
[124] lucent - shine, glow

Bellovesus ad medium vinetum lente ambulat. Bellovesus radices uvarum scindere coepit. magis magisque sanguis de radicibus sequitur. Bellovesus vocem mirabilem audit,

*quid miserum, serve, laceras? iam parce sepulto. hic multae hastae me tegunt et seges telorum increscunt multo cum sanguine[125].*

sed Fabia nihil audit. Bellovesus effodere terram coepit. Fabia quoque terram effodit. tandem corpus cum tribus hastis inveniunt. lux mirabilis ex oculis Bellovesi discedit.

"Fabia! nobis corpus sepeliendum[126] est! hic homo mihi mirabili cum voce dicebat. in hoc vineto interfectus erat, et nunc umbra vinetum vexat. si nos corpus sepeliverimus, umbra tandem dormiet." sed simulac corpus senis tangunt, Fabia et Bellovesus humi decidunt exanimati.

---

[125] why do you harms this miserable man, slave? now spare the buried. here many spears cover me and the crops of spears grow with much blood
[126] sepeliendum est - must bury

mane pater Fabiae cum duobus custodibus super Fabiam et Bellovesum stat.

"comprehendite[127] hunc servum! iste servus filiam meam abstulit!" pater exclamat. Bellovesus et Fabia statim excitant.

custodes Bellovesum capiunt. Bellovesus perterritus circumspectat.

"pater, minime! Bellovesus..." Fabia clamat.

"tace, puella! reveni in villam statim! hic servus una cum filia mea inventus est, ergo ei moriendum est." pater iratissimus dicit.

Fabia vehementer lacrimans ad matrem in villa currit.

"domine, ego omnia explicare possum. nos..." Bellovesus dicit.

"tace, serve. ego iam fatum[128] tuum constitui[129]." pater ad villam revenit, et custodes Bellovesum ad tablinum domini ducunt.

---

[127] comprehendite - arrest
[128] fatum - fate
[129] constitui - I have decided

multas horas post, in tablino domini, Catuvrix et Bellovesus taciti stant et lacrimant. sed pater Fabiae obstinatus in eadem sententia[130] manet. Bellovesus postridie interficiendus est.

Fabia et mater tablinum intrant.

"pater, mihi fabula narranda est." Fabia dicit.

"mea filia, non tempus est..." pater dicit, sed mater interpellat[131],

"tibi audienda est, carissime. vita et mors huius iuvenis sunt de summis rebus[132]." mater dicit, umerum mariti leniter tangens.

"in primis, mihi fabula narranda est. olim pastor erat, qui sub arbore dormiebat. serpens tacite pastori appropinquabat, sed pastor non animadvertit. sed parvus culex pastorem momordit. pastor excitatus est, et culicem interfecit. sed tum pastor serpentem conspexit et interfecit. quod culex pastorem servavit, pastor funerem decorum culici parvo dedit. Bellovesus est culex, pater! noli eum interficere!" Fabia clamavit.

---

[130] eadem sententia - the same opinion, mindset
[131] interpellat - interrupts
[132] de summis rebus - are matters of the highest importance

"quid dicis, carissima? non intellego." pater Bellovesum intente spectat.

"dic patri meo, Bellovese. de morbo uvarum." Fabia Belloveso dicit.

Bellovesus ad patrem spectat et tum explicat,"domine, morbus dirus omne vinetum afficit. omnes uvae sunt aridae et moribundae. ego et pater vinetum curare non possumus. sed somnium Fabiae mihi causam morbi docuit." Bellovesus dicit.

"sed etiam tum tu non explicavisti cur tu una cum filia mea in vineto nocte esses atque cur vos a villa longe abessetis." pater dicit.

"ita vero, domine. familiaris Fabiae," Bellovesus explicat.

"Publius, pater, qui Romae habitat." Fabia interpellat.

"familiaris Fabiae epistulam misit in qua de Sibylla scripsit. ego solus ad Sibyllam iter feci. sed in via longe a villa Fabiam inveni in eodem itinere. ego temptavi revenire cum Fabia domum sed.."

"sed ego non audivi, pater." Fabia dicit.

"postquam tandem ad villam advenimus, nos invenimus corpus inhumatum[133] in medio vineto quod morbum dirum fecit. si corpus sepeliverimus, morbus curabitur." Bellovesus dicit.

"nunc fabulam tuam intellego, Fabia. etiam tum non amo tantam familiaritatem[134] inter servum et filiam meam." pater obstinatus dicit.

"itaque," Fabia dicit, "ego constitui ire Romam et habitare in villa Publii cum familiaribus nostris. ibi ego potero[135] invenire maritum decorum." Fabia matrem spectat, sed Bellovesus pallescit[136].

mater Fabiae ridet.

"nonne tu vides hoc esse optimum consilium. tandem Fabia laeta et volens[137] Romae habitabit et hic servus vinetum cum patre suo curabit." mater dicit.

et Fabia et mater tablinum exeunt ut res Fabiae ad Romae habitandum parent. Bellovesus et pater ad agros eunt ad corpus sepeliendum.

---

[133] inhumatum - unburied
[134] familiaritatem - familiarity
[135] potero - I will be able
[136] pallescit - grow pale
[137] volens - willingly

est nox. postridie Fabia Romam ibit. sed per fenestram iterum exit. per vinetum ambulat, et ad silvam advenit. tandem Fabia arborem cum imagine dei Gallici invenit. Bellovesus sub arbore sedit.

"ego sperabam[138] me te hic inventuram esse. hic locus tibi valde placet, et cum tu silvam intras, hic tu venis." Fabia ridet.

"domina, tibi domum reveniend..." Bellovesus attonitus dicit.

"minime, Bellovese. non iam "domina" sum. ego sum modo "Fabia" tibi. ego diu Romae habitabo. et cum reveniam, ego uxor ero. sed ego volo te habere hoc,"

Fabia Belloveso lepus eburneum[139] dat.

"hoc lepus est ex bulla[140] mea. avia[141] mea mihi dedit. lepus semper me custodivit, sed fortasse nunc lepus te custodiet, ut tu me custodivisti in itinere nostro."

"domina, hem, Fabia, quid de vineto? tu vinetum valde amas! tibi non discedendum est! ego volo dicere me te.." Bellovesus dicit

---

[138] sperabam - I was hoping
[139] eburneum - made of ivory
[140] bulla - a locket of trinkets which a girl would dedicate to the lares when she was married
[141] avia - grandmother

"dic nihil de eo, Bellovese, quod ego eadem[142] quoque in corde meo sentio[143]. haec res ita agenda est. fortasse ego te multos annos non videbo, sed tu semper in corde meo eris." Fabia Belloveso basium[144] dat et e silva currit.

in tenebris Bellovesus ad vinetum venit ubi nunc multae optimae uvae sunt.

---

[142] eadem - the same things
[143] sentio - I feel
[144] basium - kiss

## VOCABULARY

| | |
|---|---|
| **abeo, abire, abii** | goes away |
| **accido, accidere, accidi** | happens |
| **ad** | to (towards) |
| **adiuvo, adiuvare, adiuvi, adiutum** | helps |
| **ager** | field |
| **ago, agere, egi, actum** | does, drives, compels |
| **aliquis, aliquid** | someone, something |
| **alter** | other, another |
| **amabo te** | please |
| **ambulo, ambulare, ambulavi** | walks |
| **amo, amare, amavi, amatum** | loves, likes |
| **amplector, amplecti, amplexus sum** | hugs |
| **ancilla** | slave girl |
| **angulus** | corner |
| **animal** | animal |
| **animus** | spirit |
| **annus** | year |
| **antiquus** | ancient |
| **anus** | old woman |
| **anxius** | anxious |
| **aperio, aperire, aperui, apertum** | opens |
| **appello, appellare, appellavi** | calls |
| **appropinquo, appropinquare, appropinquavi** | approaches |
| **apud** | among |
| **aqua** | water |
| **ara** | altar |
| **arbor** | tree |
| **arcesso, arcessere, arcessivi, arcessitum** | summons |

| | |
|---|---|
| **arida** | dry |
| **ars** | art, skill |
| **Atella** | town near Naples |
| **attonitus** | astonished |
| **audio, audire, audivi, auditum** | hears, listens |
| **auferro, auferre, abstuli, ablatum** | steals |
| **auxilium** | help |
| **avia** | grandmother |
| **barbarus** | barbaric |
| **basium** | kiss |
| **benignus** | kind |
| **bibo, bibere, bibi** | drinks |
| **bonus** | good |
| **bulla** | lucky amulet |
| **caedo, caedere, cecidi, caesum** | chops, cuts, kills |
| **caelum** | sky |
| **calidus** | hot |
| **capilli** | hair |
| **capio, capere, cepi, captum** | takes |
| **carissimus** | dearest, darling |
| **castigo, castigare, castigavi** | scolds |
| **caudex** | idiot, blockhead |
| **causa** | cause |
| **caverna** | cave |
| **celo, celare, celavi, celatum** | hides |
| **cenula** | little meal |
| **certus** | sure, certain |
| **cicada** | cicada |
| **cingulum** | belt |

| | |
|---|---|
| **circum** | around |
| **circumspecto, circumspectare, circumspectavi** | looks around |
| **clamo, clamare, clamavi** | shouts |
| **claudo, claudere, clausi, clausum** | closes |
| **coepi** | begins |
| **cognosco, cognoscere, cognovi** | finds out |
| **colligo, colligere, collegi, collectum** | collects, gathers |
| **comprehendo, comprehendere, comprehendi, comprehensum** | |
| | arrests, seizes |
| **coniugium** | union, marriage |
| **consentio, consentire, consensi** | agrees |
| **consilium** | plan |
| **constituo, constituere, constitui, constitutum** | decides |
| **consumo, consumere, consumpsi, consumptum** | eats |
| **cor** | heart |
| **cornu** | horn |
| **cotidie** | everyday |
| **credo, credere, credidi, creditum** | believes, trusts |
| **cubiculum** | bedroom |
| **culex** | gnat |
| **cultrum** | knife |
| **cultura** | care of, cultivation |
| **cum** | with, when |
| **Cumae** | village near Naples |
| **cupio, cupire, cupivi** | wants, wishes |
| **cur** | why |
| **cura** | care, cure |
| **curo, curare, curavi, curatum** | cares for, cures |
| **curro, currere, cucurri** | runs |

| | |
|---|---|
| **custodio, custodire, custodivi** | guards |
| **custos** | guard |
| **de** | about, from |
| **debeo, debere, debui** | ought |
| **decido, decidere, decidi** | falls down |
| **decorus** | proper, right |
| **derideo, deridere, derisi, derisum** | makes fun of |
| **desisto, desistere, destiti** | stops |
| **deus** | god |
| **dextra** | right hand |
| **dico, dicere, dixi, dictum** | says, talks to |
| **dies** | day |
| **digitus** | finger |
| **diligenter** | carefully |
| **discedo, discedere, discessi** | leaves, departs |
| **disco, discere, didici** | learns |
| **diu** | for a long time |
| **do, dare, dedi, datum** | gives |
| **doceo, docere, docui, doctus** | teaches |
| **dominus, domina** | master, mistress |
| **domum** | home |
| **dormio, dormire, dormivi** | sleeps |
| **duco, ducere, duxi, ductum** | leads |
| **eburneus** | ivory |
| **ecce** | look! |
| **effodio, effodire, effodi, effossum** | dig out |
| **eheu** | alas! |
| **emo, emere, emi emptum** | buys |
| **eo, ire, ii, itum** | goes |

| | |
|---|---|
| epistula | letter |
| erubesco, erubescere, erubui | blushes |
| et | and |
| etiam | even |
| exanimatus | unconscious |
| excito, excitare, excitavi, excitatum | awakens |
| exeo, exire, exii | goes out |
| explico, explicare, explicavi, explicatum | explains |
| extendo, extendere, extendi | stretches |
| fabula | story |
| facio, facere, feci, factum | makes, does |
| familiaris | relative |
| familiaritas | closeness |
| fatum | fate |
| fenestra | window |
| fessus | tired |
| filius, filia | son, daughter |
| fluo, fluere, fluxi, fluctum | flows |
| fons | fountain |
| fortasse | perhaps |
| fortis | brave, strong |
| frigidus | cold |
| fugio, fugere, fugi | flees |
| funus | funeral |
| fur | thief |
| Gallicus | Gallic |
| habeo, habere, habui | has |
| habito, habitare, habitavi | lives |
| hasta | spear |

| | |
|---|---|
| **hic** | here |
| **hic, haec, hoc** | this |
| **hodie** | today |
| **homo** | man, person |
| **horresco, horrescere, horrui** | shudder, shiver |
| **hortus** | garden |
| **humus** | ground |
| **iacio, iacere, ieci, iactum** | lies |
| **iam** | now, already |
| **ianua** | door |
| **idem, eadem, idem** | the same |
| **igitur** | therefore |
| **ignosco, ignoscere, ignovi, ignotum** | forgive, not know |
| **imago** | image, likeness |
| **in** | in, on |
| **induo, induere, indui, indutum** | puts on |
| **infans** | baby |
| **ingravesco, ingravescere** | grows worse |
| **insanus** | crazy |
| **intellego, intellegere, intellexi** | understands |
| **inter** | among, between |
| **interficio, interficere, interfeci, interfectum** | kills |
| **interpello, interpellare, interpellavi, interpellatum** | interrupts |
| **intro, intrare, intravi** | enters |
| **intus** | within, inside |
| **invenio, invenire, inveni, inventum** | finds |
| **iratus** | angry |
| **ita** | in this way |
| **ita vero** | yes |

| | |
|---|---|
| **iter** | journey |
| **iterum** | again |
| **iubeo, iubere, iussi, iussum** | orders |
| **iugulum** | throat |
| **iuvenis** | young person |
| **laboro, laborare, laboravi** | works |
| **lacrimo, lacrimare, lacrimavi** | cries |
| **lectus** | bed, couch |
| **lego, legere, legi, lectum** | reads |
| **lente** | slowly |
| **lepus** | hare, rabbit |
| **liber** | book |
| **libero, liberare, liberavi, liberatum** | frees |
| **lignum** | wood |
| **lingua** | tongue, language |
| **locus** | place |
| **longus** | long |
| **luceo, lucere, luxi** | shines |
| **ludo, ludere, lusi** | plays |
| **luna** | moon |
| **magicus** | magic |
| **magis** | more |
| **malus** | bad |
| **mane** | in the morning |
| **manus** | hand |
| **maritus** | husband |
| **Massilia** | town in Gaul |
| **mater** | mother |
| **maximus, maxime** | very great |

| | |
|---|---|
| **medicus** | doctor |
| **medius** | middle |
| **memini** | remembers |
| **mendax** | liar |
| **mens** | mind |
| **mercator** | merchant |
| **metallum** | mine |
| **minime** | least, no |
| **mirabilis** | wonderful, strange |
| **mitto, mittere, missi, missum** | sends |
| **modo** | just, only |
| **mordo, mordere, momordi** | bites |
| **moribunda** | dying |
| **mors** | death |
| **mortuus** | dead |
| **moveo, movere, movi, motum** | moves |
| **mox** | soon |
| **multus** | much, many |
| **narro, narrare, narravi, narratum** | tells |
| **natus est** | is born |
| **necesse** | necessary |
| **nemo** | no one |
| **nescio, nescire, nescivi** | doesn't know |
| **nihil** | nothing |
| **nimis** | too much |
| **nolo, nolle, nolui** | doesn't want |
| **nomen** | name |
| **non** | not |
| **nonne** | surely? |

| | |
|---|---|
| **nox** | night |
| **nullus** | none |
| **numquam** | never |
| **nunc** | now |
| **obscurus** | dark |
| **obstinatus** | stubborn |
| **occupatus** | busy |
| **oculus** | eye |
| **offendo, offendere, offendi** | offend |
| **olim** | once |
| **omnis** | all |
| **optimus** | very good, best |
| **ostendo, ostendere, ostendi** | shows |
| **ostia** | mouths, doorways |
| **paene** | nearly, almost |
| **palla** | lady's cloak |
| **pallesco, pallescere, pallui** | grows pale |
| **papyrus** | paper |
| **paratus** | ready |
| **paro, parare, paravi, paratum** | prepares |
| **pastor** | shepherd |
| **pater** | father |
| **pavimentum** | floor |
| **pecunia** | money |
| **per** | money |
| **perflo, perflare, perflavi, perflatum** | blows |
| **periculosus** | dangerous |
| **permulceo, permulcere, permulsi** | strokes, pets |
| **perterritus** | terrified |

| | |
|---|---|
| **pessimus** | very bad, worst |
| **peto, petere, petivi** | attacks |
| **placeo, placere, placui** | pleases |
| **plenus** | full |
| **poema** | poem |
| **poenas dare** | pay the price |
| **porto, portare, portavi, portatum** | carries |
| **possum, posse, potui** | is able |
| **post** | after, behind |
| **postridie** | on the next day |
| **pro** | for, in front of |
| **procul** | far off |
| **promitto, promittere, promisi, promissum** | promises |
| **prope** | near |
| **puella** | girl |
| **pulcher** | beautiful |
| **pulso, pulsare, pulsavi, pulsatum** | hits |
| **pupa** | doll |
| **quaero, quaerere, quaesivi, quaesitum** | looks for |
| **quamquam** | although |
| **quatio, quatere** | shakes |
| **qui, quae, quod** | who, which |
| **quindecim** | fifteen |
| **quis** | who |
| **quo modo** | how |
| **quod** | because |
| **quoque** | also |
| **radix** | root |
| **recipio, recipere, recepi, receptum** | recovers, receives |

| | |
|---|---|
| **recito, recitare, recitavi, recitatum** | recites, reads out |
| **recumbo, recumbere, recubui** | reclines |
| **reliquus** | remaining |
| **respondeo, respondere, respondi** | responds |
| **revenio, revenire, reveni** | returns |
| **rideo, ridere, risi, risum** | laughs, smiles |
| **rogo, rogare, rogavi, rogatum** | asks |
| **sacer** | sacred |
| **sacrificium** | sacrifice |
| **saepe** | often |
| **saggita** | arrow |
| **salve** | hello |
| **sane** | obviously |
| **sanguinolentus** | bloody |
| **sanguis** | blood |
| **sapiens** | wise |
| **satis** | enough |
| **scindo, scindere, scidi, scissum** | cuts, tears |
| **scio, scire, scivi** | knows |
| **scribo, scribere, scripsi, scriptum** | writes |
| **secretum** | secret |
| **secundus** | second |
| **securis** | axe |
| **sed** | but |
| **sedet** | sits |
| **senex** | old man |
| **sententia** | opinion |
| **sentio, sentire, sensi, sensum** | feels |
| **sepelio, sepelire, sepelivi, sepultum** | buries |

| | |
|---|---|
| **sequor, sequi, secutus sum** | follows |
| **serpens** | snake |
| **servitus** | servitude |
| **servo, servare, servavi** | save |
| **servus** | slave |
| **si** | if |
| **significo, significare, significavi** | means |
| **silva** | woods, forest |
| **simulac** | as soon as |
| **sino, sinere** | allow |
| **solus** | alone |
| **somnium** | dream |
| **sonitus** | sound |
| **sordidus** | dirty |
| **specto, spectare, spectavi, spectatum** | looks at, watches |
| **spero, sperare, speravi** | hopes |
| **stella** | star |
| **sto, stare, steti** | stands |
| **stola** | dress |
| **strenue** | hard |
| **strideo, stridere, stridi** | hisses, chirps |
| **stultus** | stupid |
| **subito** | suddenly |
| **sui, sibi, se** | him/herself |
| **sum, esse, fui** | is |
| **summus** | highest |
| **super** | above |
| **superbus** | arrogant, proud |
| **superior** | earlier |

| | |
|---|---|
| **sussurro, sussurrare, sussurravi** | whispers |
| **tablinum** | study |
| **taceo, tacere, tacui, tacitum** | is silent |
| **tacitus** | quiet |
| **tam** | so |
| **tamen** | however |
| **tandem** | finally |
| **tango, tangere, tetigi, tactum** | touches |
| **tantum** | so great, only |
| **templum** | temple |
| **tempto, temptare, temptavi** | tries |
| **tempus** | time |
| **tenebrae** | darkness |
| **tergeo, tergere, tersi, tersum** | wipes |
| **tertius** | third |
| **totus** | whole |
| **tu** | you |
| **tum** | then |
| **tunica** | tunic |
| **ubi** | where, when |
| **umbra** | ghost, shade |
| **umerus** | shoulder |
| **umidus** | moist |
| **unguo, unguere, unxi, unctum** | smear |
| **unus** | one |
| **utinam** | if only! |
| **utor, uti, usus sum** | use |
| **uva** | grape |
| **uxor** | wife |

| | |
|---|---|
| **valde** | very |
| **vates** | priestess |
| **vehementer** | violently |
| **vel** | or |
| **vendo, vendere, vendidi** | sells |
| **venio, venire, veni** | comes |
| **ventus** | wind |
| **verbum** | word |
| **verro, verrere, verri** | sweeps |
| **versus** | verse |
| **verus** | true |
| **veto, vetare, vetavi** | forbid |
| **vexo, vexare, vexavi, vexatum** | bother |
| **via** | street |
| **video, videre, vidi, visum** | sees |
| **villa** | house |
| **vinarius** | vintner |
| **vinetum** | vineyard |
| **vineus** | related to wine |
| **vir** | man |
| **virgo** | woman |
| **vita** | life |
| **vix** | hardly |
| **volo, velle, volui** | wants |
| **vox** | voice |
| **vulnero, vulnerare, vulneravi, vulneratum** | wounds |
| **vulnus** | wound |
| **vultus** | face |

Made in the USA
Coppell, TX
17 August 2020